Dépôt légal : août 2005 - n° d'éditeur : 2005/10361 - Imprimé en France par PPO (93-Pantin) photimages

Enfants du monde

Une famille

Chaque enfant a le droit
d’avoir une famille,
un foyer
et un refuge.

L'école

Chaque enfant a le droit
d'être éduqué
et d'apprendre un métier.

Les jeux

Chaque enfant a le droit au repos, aux loisirs et à la culture.

L'égalité

Chaque enfant a le droit à l'égalité : entre garçons et filles, sans distinction de la couleur de la peau.

La parole

Chaque enfant a le droit
de s'exprimer
et d'être écouté.

La liberté de pensée

Chaque enfant a le droit à la liberté de parole, de pensée et d'opinion.

Une égalité de chance

Chaque enfant a le droit
à l'égalité de chance
et de traitement.

Une vie digne

Chaque enfant a le droit d'être protégé et d'être traité avec humanité.

Sans travail

Chaque enfant a le droit
à la vie,
à une enfance
saine et épanouie.

Sans guerre

Chaque enfant a le droit
de vivre en paix.

Le bonheur

**Chaque enfant a le droit
au bonheur,
à l'amour
et à l'affection.**

Maquette et photogravure : PEMF
Maquette couverture : Jérôme Bertrand

Crédits photographiques

UNICEF/S. Rotner : couverture, /A. Hollbrooke : page 13, poster (haut 4) /G. Pirozzi : page 21, (bas droite) – Jean-Charles REY : page 3, poster (haut 1) ; page 5 (haut), page 9, page 15, poster (bas 1) ; page 17, poster (bas 3) ; page 23, poster (bas 4) – PEMF/François GOALEC : page 7. – Patrick BENSA : page 5 (bas), poster (haut 2). – CIRIC : page 11, poster (haut 3). – SYGMA/Laffont : page 19, poster (bas 2).– GAMMA/Chiasson : page 21, (bas gauche) /Sicot : page 21, (haut).

Photimages

Enfants du monde